NOUVEL

ALPHABET

DES PETITS ENFANTS

—

7ᵉ SERIE IN-12.

La Leçon de Lecture.

NOUVEL
ALPHABET
DES
PETITS ENFANTS

ILLUSTRÉ

DE 38 VIGNETTES DES MEILLEURS ARTISTES.

LIMOGES
EUGÈNE ARDANT ET Cie, ÉDITEURS.

LETTRES CAPITALES

A B C D E

F G H I J

K L M N O

P Q R S T

U V X Y Z

LETTRES ORDINAIRES

a b c d e

f g h i j

k l m n o

p q r s t

u v x y z

CAPITALES ITALIQUES

A B C D E

F G H I J

K L M N O

P Q R S T

U V X Y Z

— 8 —

LETTRES ITALIQUES

a b c d e

f g h i j

k l m n o

p q r s t

u v x y z

CAPITALES GOTHIQUES

A B C D E
F G H I J
K L M N O
P Q R S T
U V X Y Z

LETTRES GOTHIQUES

a b c d e f g h i
j k l m n o p q
r s t u v x y z

CAPITALES ANGLAISES

A B C D E F G
H I J K L M
N O P Q R S T
U V X Y Z

LETTRES ANGLAISES

a b c d e f g h
i j k l m n o p
q r s t u v x y z

VOYELLES ET CONSONNES.

Il y a deux espèces de lettres, les VOYELLES et les CONSONNES.

Les voyelles sont des lettres qui peuvent se prononcer sans le secours d'aucun son.

Ce sont :

**A E É È Ê
I O U Y**

a e é è ê i o u y

Chacune de ces voyelles représente un son.

Les consonnes sont des lettres qui ne se prononcent pas sans le secours des voyelles, c'est-à-dire qu'on ne peut prononcer un son avec une consonne seule.

Ce sont :

B C D F G H J
K L M N P Q R
S T V X Z.

b c d f g h j k
l m n p q r s t
v x z.

ACCENTS.

Les accents sont des signes que l'on place au-dessus des voyelles pour en modifier le son.

Il y a trois accents :
L'accent aigu (´).
L'accent grave (`).
L'accent circonflexe (ˆ).

L'accent aigu se met sur l'E fermé : **RU-SÉ.**

L'accent grave se met sur l'E ouvert : **PÈ-RE.**

L'accent circonflexe se met sur les voyelles longues :

PLÂ-TRE, PRÊ-TRE, ÉPÎ-TRE, MÔ-LE, FLÛ-TE.

a e i *ou* y o u

Ba be bi bo bu
Ca ce ci co cu
Da de di do du
Fa fe fi fo fu
Ga ge gi go gu
Ha he hi ho hu
Ja je ji jo ju
Ka ke ki ko ku
La le li lo lu

Ma me mi mo mu
Na ne ni no nu
Pa pe pi po pu
Qua que qui quo qu
Ra re ri ro ru
Sa se si so su
Ta te ti to tu
Va ve vi vo vu
Xa xe xi xo xu
Za ze zi zo zu

MOTS A ÉPELER.

Pa-pa. Gâ-teau.
Ma-man. Pain. Lit.
A-mi. Cou-teau.
Cou-sin. Pom-me.
Four-neau. Poi-re.
Chat. Rat. Sou-ris.
Chi-en. La-pin.
Be-let-te. Bla-ser.
Bal-lon. Bre-bis.

Bou - le.   Cli - mat.
Cro -quet.   Fa - got.
Dra -gon.   Ru -che
Flam - me.   Lu –ne.
Gre-lot. A-me. Lin.
Trom-per. Tou-pie.
Cher-cher. Prin-ce.
Mon-ta-gne. Ci-dre.
Phi-lo-so-phe.   Riz.
Thé.   Vin.   E-toi-le.

LETTRES ACCENTUÉES.

Mè-re. Pè-re. Frè-re. Pâ-té. Pâ-tre. Prê-tre. Fê-te. Tem-pê-te. Grê-le. Maî-tre. Gî-te. A-pô-tre. Au-mô-ne. Flû-te. Bû-che. Is-ra-ël. Mo-ï-se. Ha-ïr. Sa-ül.

CHIFFRES ARABES

1	2	3	4	5
un	deux	trois	quatre	cinq
6	7	8	9	0
six	sept	huit	neuf	zéro

CHIFFRES ROMAINS.

I	II	III	IV	V
1	2	3	4	5
VI	VII	VIII	IX	X
6	7	8	9	10

LA PONCTUATION.

Les signes de la Ponctuation ont chacun une valeur particulière. Ils servent à séparer les groupes de mots, formés d'après le sens, qu'on appelle phrases ou membres de phrases.

Ces signes sont :

Le Point (.)
La Virgule (,)
Le Point et Virgule (;)
Les deux Points (:)
Le Point d'interrogation (?)
Le Point d'exclamation (!)

A a

Au-tel.

Dans la moin-dre é-gli-se, on trou-ve un Au-tel; il en est le meu-ble prin-cipal, et mê-me la par-tie es-sen-ti-elle.

Sur l'au-tel, le prê-tre of-fre le très saint sa-cri-fi-ce de la Mes-se.

Ne pas-sons ja-mais de-vant l'au-tel sans y a-do-rer No-tre Sei-gneur Jé-sus-Christ qui, du fond du ta-ber-na-cle, pla-cé au-des-sus de l'au-tel, nous voit et nous bé-nit.

B b

Ber-ger.

Le Ber-ger est ce-lui qui gar-de les trou-peaux; il est ex-po-sé à bien des pei-nes et des dan-gers. S'il ne fait pas at-ten-tion, le loup peut tuer ses mou-tons, ou ses mou-tons peu-vent s'é-ga-rer dans les champs voi-sins et en man-ger les blés, les lé-gu-mes, les jeu-nes ar-bres.

Il a bien du mé-ri-te, le Ber-ger qui, par le froid et le chaud, em-pê-che son trou-peau de re-ce-voir du mal ou de fai-re des dé-gâts.

C c

Co-co-tier.

Oh! le bel et bon ar-bre que le Co-co-TIER! Son fruit, ap-pe-lé

Co-co ou Noix de Co-co, four-nit u-ne es-pè-ce de lait ex-trê-me-ment sain et a-gré-a-ble. Les sin-ges le con-nais-sent bien.

La pre-miè-re é-cor-ce de ce bon Co-co fait, comme le chan-vre, des vê-te-ments, des fi-lets.

Et la se-con-de, qui est très du-re, for-me des boî-tes, des jou-joux, des sculp-tu-res de tout gen-re.

D d

Dé-sas-tre.

Pau-vres gens! com-me ils fuient, com-me ils cou-rent de tous cô-tés!

Vo-yez cet-te mal-heu-reu-se mè-re em-por-tant tout en pleurs, tout é-che-ve-lée, le ten-dre en-fant qu'el-le nour-rit!

Où va-t-elle? où vont ces vieil-lards, ces pau-vres et ces ri-ches? ils l'i-gno-rent.

C'est que le trem-ble-ment de ter-re a ren-ver-sé dé-jà grand nom-bre d'é-di-fi-ces!

E e

E-co-le.

Faut-il vous di-re ce qu'est l'E-co-le, à vous qui tous les jours y al-lez ?

L'E-co-le, n'est-il pas vrai, est un lieu où l'en-fant doux et do-ci-le cher-che cha-que jour son bon-heur et ce-lui de ses bons pa-rents.

Si, en ef-fet, il y é-cou-te at-ten-ti-ve-ment ses maî-tres, Dieu le bé-ni-ra. Or cet-te bé-né-dic-ti-on n'est-el-le pas, pour lui et sa fa-mil-le, le plus grand des bon-heurs?

F f

Fê-te.

Voi-ci Jus-tin et An-na qui n'ou-blient point la Fê-te de leur pè-re.

Ils ont pré-pa-ré leur pe-tit com-pli-ment; et, quand ils ne sau-raient pas le lui di-re tout-à-fait com-me ils vou-draient, leurs doux bai-sers le lui fe-ront com-pren-dre par-fai-te-ment.

Mais il y a au mar-ché une bou-que-ti-è-re, et pa-pa se-ra plus con-tent s'ils en a-chè-tent pour lui les plus jo-lies fleurs.

G g

Gla-neu-ses.

—

A-près le bot-te-la-ge ou l'en-lè-ve-ment des ger-bes de blé, il res-te à ter-re des é-pis. Les pau-vres fem-mes qui vien-nent re-cueil-lir a-vec la main ces é-pis, s'ap-pel-lent des GLA-NEU-SES.

Oh! leur ré-col-te est bien peu de cho-se. Aus-si les mois-son-neurs les lais-sent-ils tran-quil-le-ment rem-plir leurs ta-bli-ers de ces é-pis lais-sés, dont el-les fe-ront quel-ques bou-chées de pain.

H   h

Hon-te.

Ma-rie est bou-deu-se : lors-qu'el-le mon-tre ce vi-lain dé-faut, sa mè-re l'en-fer-me dans u-ne cham-bret-te ob-scure.

Là, Ma-rie seu-le, au bout de quel-ques mi-nu-tes, de-man-de par-don, el-le pleu-re, el-le a HONTE.

Hon-te, de qui? d'el-le-mê-me. De quoi? de sa ma-la-dres-se.

N'est-ce pas que sa mè-re trou-ve dans la hon-te un mo-yen bien sim-ple de la cor-ri-ger?

I i

Im-pri-me-rie.

En-trons dans u-ne Im-pri-me-rie, si nous te-nons à voir des cho-ses bien in-té-ressan-tes. Que de tra-vaux! que d'ou-vri-ers oc-cu-pés pour com-po-ser un sim-ple feuil-let de vo-tre jo-li A-bé-cé-dai-re!

En par-ti-cu-li-er, que de soins in-gé-ni-eux dans la dis-tri-bu-ti-on ré-gu-li-è-re de ces let-tres de tou-te for-me, de tou-te gran-deur, et de tous ces si-gnes qui em-bel-lis-sent u-ne pa-ge!

J j

Jeu.

A-mu-sez-vous, li-vrez-vous au Jeu, chers é-co-li-ers, Dieu et vos maî-tres vous le per-met-tent, mais a-vec quel-ques con-di-ti-ons, re-te-nez-le bien.

D'a-bord, que vo-tre tra-vail de clas-se, que vos de-voirs de pi-é-té et de fa-mil-le n'en souf-frent pas.

Et puis, dans vos jeux, ne so-yez ni co-lè-res, ni bru-yants, ni en-tê-tés, com-me des en-fants sans é-du-ca-ti-on.

K k

Ka-ka-to-ès.

—

Vous con-nais-sez le per-ro-quet, cet oi-seau rou-ge, ou gri-sâ-tre, ou vert, qu'on pla-ce dans u-ne ca-ge, et plus sou-vent sur un per-choir.

Le Ka-ka-to-ès est un de ces jo-lis oi-seaux ba-vards, qui a sur la tê-te u-ne hup-pe de plu-mes qu'il dres-se à vo-lon-té. La Fran-ce n'a d'au-tres Ka-ka-to-ès que ceux que les vo-ya-geurs peu-vent y ap-porter de deux mil-le lieues

L l

Lan-ter-ne ma-gi-que

—

Lan-ter-ne ma-gi-que! Piè-ces cu-ri-eu-ses! Qui de vous n'a en-ten-du cri-er ce-la dans les rues pen-dant les soi-rées d'hi-ver?

La Lan-ter-ne ma-gi-que est un in-stru-ment qui, au mo-yen de la lu-mi-è-re et de ver-res peints, pré-sen-te tou-te es-pè-ce de cho-ses sur u-ne toi-le ou sur u-ne mu-rail-le.

Quand vous au-rez é-té bien sa-ge, vous au-rez pour ré-com-pen-se u-ne sé-an-ce de Lan-ter-ne ma-gi-que.

M m

Mou-ton.

No-é-mi, re-gar-dez bien ces pe-tits Mou-tons. Com-me leur lai-ne est fi-ne et blanche! com-me leurs yeux sont doux et bons! Point d'a-ni-mal plus ca-res-sant.

Dans les cam-pa-gnes, ils s'at-ta-chent à la ber-gè-re qui les gar-de, ils ne la quit-tent ja-mais.

Quand vous se-rez un peu plus gran-de, je vous en don-ne-rai un que vous con-dui-rez par-tout a-vec un sim-ple ru-ban.

N n

Nid.

Oh! le mau-vais Gar-çon! il a a-per-çu un Nɪᴅ de pin-sons, et mal-gré les cris plain-tifs des pau-vres pe-tits, il l'a pris et em-por-té chez lui.

Il ne s'est pas de-man-dé si le bon Dieu n'a-vait pas cré-é les oi-seaux pour dé-trui-re les che-nil-les et des mil-liers d'in-sec-tes qui ron-gent les fruits et les plan-tes.

Pour se plai-re à bri-ser les nids, il faut ê-tre sot et mé-chant.

O o

O-rang-Ou-tang.

Oh! le vi-lain a-ni-mal que l'O-RANG-OU-TANG !

Beau-coup plus

grand que les sin-ges, il est non-seu-le-ment ef-fra-yant com-me eux, mais en-co-re il est au-tre-ment dan-ge-reux par sa for-ce et sa mé-chan-ce-té.

Il peut se sou-te-nir sur ses jam-bes de der-riè-re, mar-cher et cou-rir com-me l'hom-me.

A-vec ses grif-fes et ses dents lon-gues et ai-guës, il fait beau-coup de mal.

P p

Pou-le.

La Pou-le est ci-tée par-tout com-me le mo-dè-le de la bon-ne mè-re.

Re-mar-quez a-vec quel-le ten-dres-se el-le ré-chauf-fe ses pous-sins sous ses ai-les; com-me a-vec son bec el-le leur broie pres-que en fa-ri-ne les grains qu'el-le va leur cher-cher; a-vec quels cris dou-lou-reux el-le les ap-pel-le à l'ap-pro-che de l'o-ra-ge, d'un oi-seau de proie, d'un dan-ger quel-con-que.

Q q

Ques-ti-ons.

Hen-ri fait à son pa-pa beau-coup trop de Ques-ti-ons. Pour-quoi les feuil-les de cet ar-ti-chaut ne res-sem-blent-el-les pas à ces lar-ges feuil-les de chou?

Pour-quoi cet-te vio-let-te est-el-le bleue et ce co-que-li-cot rou-ge?

Hen-ri n'en fi-ni-rait pas, si pa-pa ne lui di-sait : Dieu seul, qui a cré-é ces cho-ses, sait pour-quoi il les a fai-tes dif-fé-ren-tes les u-nes des au-tres.

R r

Ra-quet-te.

La Ra-quet-te est un jeu fort a-gré-a-ble; il e-xer-ce l'a-gi-li-té des mem-bres, il for-ti-fie le corps, et sur-tout on peut s'y li-vrer sans bruit ni dan-ger.

Quand les en-fants sont sor-tis de clas-se, ils se ré-cré-ent par-fai-te-ment a-vec la ra-quet-te.

Lors-qu'ils sont de-ve-nus as-sez ha-bi-les pour ne lais-ser ja-mais tom-ber à ter-re le vo-lant qu'ils se lan-cent, ils pré-fè-rent la ra-quet-te.

S   s

Sain-te-té.

La SAIN-TE-TÉ est la pre-miè-re des gloi-res et des ri-ches-ses d'u-ne â-me.

Pour l'ob-te-nir ou la con-ser-ver il faut beau-coup et tou-jours veil-ler sur soi-mê-me; é-cou-ter at-ten-ti-ve-ment les con-seils de l'E-gli-se, en de-man-dant à Dieu la grâ-ce de les sui-vre fi-dè-le-ment.

Mais ce qui nous est u-ti-le, c'est d'al-ler sou-vent, com-me ces deux da-mes, pri-er de-vant l'i-ma-ge de la sain-te Vier-ge.

T t

Tor-tue.

La Tor-tue n'est pas bel-le. Cet a-ni-mal a qua-tre pieds, mar-che très len-te-ment;

tout son corps, moins la tê-te, est cou-vert d'u-ne gran-de cui-ras-se du-re, et le plus sou-vent gar-nie d'é-cail-les.

Doit-el-le pour ce-la nous in-spi-rer la fra-yeur ou le dé-goût? Non, car el-le est très dou-ce; el-le ne se nour-rit que de mé-chan-tes her-bes et d'in-sec-tes nui-si-bles.

U u

U-nion.

Paul, l'é-tour-di, se que-rel-lait a-vec ses con-dis-ci-ples ; son ami Eu-gè-ne est vite in-ter-ve-nu dans la dis-pu-te, il l'a pris par la main et l'a ra-me-né chez lui.

C'est que si Paul ai-me beau-coup Eu-gè-ne, à son tour ce der-nier ai-me beau-coup Paul.

L'u-nion e-xis-te en-tre ces deux en-fants. Dé-li-cieu-se et sain-te cho-se que l'u-nion, el-le fait le bon-heur de la fa-mil-le, de l'é-co-le et du pays en-tier.

V v

Va-che.

La Va-che est la ri-ches-se du grand pro-pri-é-taire, com-me le sou-tien du plus pau-vre fer-mier.

El-le est bien u-ti-le, puis-qu'el-le nous don-ne le lait, le beur-re, le fro-ma-ge, et que sa chair for-me u-ne a-bon-dan-te nour-ri-tu-re pour l'hom-me.

El-le est so-bre et peu dif-fi-ci-le pour son a-li-men-ta-tion, les her-bes et les plan-tes les plus com-mu-nes lui suf-fi-sent.

W w

Wo-ra-ra.

Aus-si bien que nous, les sau-va-ges con-nais-sent la qua-li-té des plan-tes.

Ain-si, dans l'A-mé-ri-que mé-ri-dio-na-le, ils sa-vent en quels lieux se trou-ve l'her-be ap-pe-lée Wo-ra-ra, et quel-les en sont les fu-nes-tes pro-pri-é-tés.

Poi-son ter-ri-ble, lors-qu'il a dé-trem-pé la poin-te de leurs flè-ches, le Wo-ra-ra don-ne in-fail-li-ble-ment la mort à l'en-ne-mi qu'el-les ont at-teint.

X x

Xy-lo-gra-phie.

La Xy-lo-gra-phie est l'art de gra-ver, sur des plan-ches de bois, les let-tres ou les fi-gu-res. Ain-si, tou-tes les bel-les i-ma-ges que vous trou-vez dans vo-tre A-bé-cé-dai-re sont le produit de la xy-lo-gra-phie.

Vi-si-tez quel-que im-pri-me-rie de ce gen-re, vous ver-rez com-ment, dans u-ne jour-née, on peut fai-re par mil-liers ces gra-vu-res que vous ai-mez tant à re-gar-der.

Y y

Yo-le.

Quoi de plus é-lé-gant et de plus com-mo-de que ce pe-tit, tout pe-tit vais-seau que vous vo-yez là-haut.

A-vec l'yo-le on tra-ver-se en quel-ques mi-nu-tes u-ne ri-vi-è-re, un fleu-ve, un lac.

Que l'yo-le sil-lon-ne l'on-de à l'ai-de de voi-les ou de ra-mes, el-le n'en of-fre pas, à ceux qui sont as-sis sur ses bancs, moins de sû-re-té, moins d'a-gré-ment.

Z   z

Zi-be-li-ne.

Oh! le gra-ci-eux pe-tit a-ni-mal que la Zi-be-li-ne! N'ad-mi-rons pas la dé-li-ca-tes-se de son corps ef-fi-lé, la fi-nes-se de sa fi-gu-re, de ses yeux et de son nez poin-tu, l'a-gi-li-té de tous ses mem-bres.

Re-mar-quons seu-le-ment la beau-té de sa four-ru-re, qui nous don-ne ces man-chons si jo-lis, si chauds, dont nos mains et nos cous se ga-ran-tis-sent du froid et du vent.

LES
HEUREUSES CHANCES
DE JEANNOT.

Jeannot, après avoir servi son maître pendant sept ans, lui dit un jour :

— Maître, le temps de mon engagement est expiré, et je désire retourner dans mon village, auprès de ma mère; veuillez bien me payer le montant de mes gages.

Le maître lui répondit :

— Tu as été pour moi un

bon et loyal serviteur, et je veux t'en récompenser.

Et il lui donna un lingot d'argent qui était fort gros; ce lingot pesait quinze livres, et valait par conséquent quinze cents francs.

Jeannot tira un mouchoir de

sa poche et en enveloppa le lingot; il le posa ensuite sur ses épaules, et se mit en route pour retourner chez lui.

Comme il marchait péniblement, chargé de son lourd fardeau, il aperçut un cavalier, qui trottait sur un cheval agile.

— Ah! s'écria Jeannot à haute voix, comme c'est une belle chose que d'aller à cheval! On est assis comme dans une chaise, on ne se heurte point aux pierres, on épargne ses souliers, et l'on avance sans effort.

Le cavalier, qui l'avait entendu, lui dit :

— Alors, Jeannot, pourquoi vas-tu à pied?

— Je ne puis pas faire autrement, répondit-il; il faut que je porte ce lingot jusque chez moi. Qu'il est lourd! qu'il est lourd! je ne puis plus relever la tête, tant il m'a pesé sur les épaules.

— Écoute, dit le cavalier, nous pouvons faire un échange : je te donnerai mon cheval, et tu me donneras ton lingot.

— Très volontiers, répondit Jeannot, ce sera une bien heureuse chance pour moi que de faire cet échange. Mais, en conscience, je dois vous aver-

tir que le poids de ce lingot vous accablera.

Le cavalier, sans lui répondre, descendit de cheval, prit l'argent, aida Jeannot à monter sur la bête, lui plaça soigneusement la bride dans la main, et lui dit :

— Quand tu auras envie d'aller très vite, tu n'auras qu'à faire claquer ta langue et à répéter : Hop! hop!

Jeannot fut émerveillé lorsqu'il se vit à cheval, et qu'il put trotter en toute liberté. Au bout de quelque temps, il fit réflexion qu'il devrait encore aller plus vite; il commença donc à faire claquer sa langue et à crier : Hop! hop! Le cheval prit immédiatement une allure rapide, et en un instant Jeannot fut désarçonné et jeté à terre. Il se trouva étendu

dans un fossé qui séparait la grande route des champs voisins.

Débarrassé de son cavalier, le cheval aurait bien vite disparu, s'il n'avait été arrêté par un paysan qui traversait la

route en menant une vache à l'aide d'une corde.

Jeannot parvint à se remettre sur ses jambes; mais il était fort mécontent, et il exhala sa mauvaise humeur en disant au paysan :

— C'est une chose détestable que de voyager à cheval, surtout quand on a le malheur d'avoir entre les jambes une rosse qui vous secoue et qui vous jette par terre de manière à vous briser tous les membres. Je ne remonterai jamais sur cette maudite bête ! Ah ! que j'aimerais bien mieux votre vache ! On peut la mener sans le moindre danger; on a en outre, chaque jour, grâce à elle, une provision assurée de lait, de beurre et de fromage. Que ne donnerais-je pas pour avoir en ma possession un si précieux animal !

— Soyez content, dit le paysan. Puisque vous avez fait une si terrible chute, je veux bien, pour vous en épargner une nouvelle, échanger ma vache contre votre cheval.

Cette proposition fut acceptée

avec la plus vive joie ; le paysan monta sur le cheval et s'éloigna au plus vite.

Jeannot fit marcher sa vache paisiblement à l'aide de sa corde, tout en pensant à l'excellent marché qu'il venait de conclure.

— Que je parvienne seulement à me procurer un morceau de pain, se dit-il, ce qui me sera bien facile ; et, pour me régaler, j'aurai en abondance du beurre et du fromage, comme je l'ai si souvent désiré. Me voilà donc à l'abri de la faim ! Quant à la soif, je ne la crains pas davantage : je n'aurai qu'à traire ma vache, et son lait sera plus que suffisant pour me désaltérer.

Vers midi, la chaleur devint excessive, et Jeannot en souffrait d'autant plus qu'il marchait depuis une heure dans une vaste plaine sans abri. Il était dévoré par une soif si ardente, que sa langue lui semblait sur le point de se coller à son palais.

— Le mal n'est pas sans remède. se dit-il; je puis traire ma vache et boire de son lait. Il l'attacha donc à un tronc d'arbre desséché, et comme il n'avait aucun ustensile pour

mettre le lait, il songea que sa casquette de cuir pourrait lui en tenir lieu. Mais, hélas! quelques efforts qu'il fît, il ne put obtenir une seule goutte de lait! Il persista... puis, comme il s'y prenait gauchement, la vache furieuse lui donna sur la tête un coup de pied si violent qu'il resta quelque temps étendu sur le sol sans connaissance.

Heureusement pour lui, un boucher, qui portait dans une brouette un petit pourceau, vint à passer sur la route et s'empressa de le secourir.

— Qui vous a joué ce mauvais tour? s'écria-t-il en aidant le pauvre patient à se relever. Jeannot lui raconta ce qui lui était arrivé. Après l'avoir attentivement écouté, le boucher lui présenta une bouteille pleine de vin et lui dit :

— Buvez un peu et remettez-vous Cette vache-là ne pouvait vous donner du lait; elle est vieille et n'est plus bonne qu'à être abattue pour la boucherie.

— Ah! dit Jeannot, qui aurait cru cela? Il est assurément très bon d'avoir en sa possession un animal propre à être tué et pouvant fournir une si grande quantité de viande; mais par malheur je n'aime pas beaucoup la chair de la vache : elle n'est pas assez succulente pour moi. J'aimerais bien mieux celle d'un jeune porc; on peut l'apprêter de diverses manières, et surtout en faire de si bonnes saucisses!

— Eh bien! Jeannot, dit le

boucher, par affection pour vous je consens à faire un échange et à vous donner le porc pour la vache.

— O l'heureuse chance pour moi ! En vérité, vous êtes bien bon, dit Jeannot en détachant la vache, tandis que le boucher retirait le pourceau de la brouette et le remettait à Jeannot, qui l'attacha avec sa corde.

Fier de sa nouvelle acquisition, Jeannot reprit sa marche en s'émerveillant d'une suite de chances si heureuses. Comme il se repaissait de ces agréables pensées, il rencontra un jeune garçon qui portait une oie toute blanche sous son bras. Ils se souhaitèrent mutuellement le bonjour; puis Jeannot se mit à raconter ses heureuses aventures et les excellents marchés qu'il avait successivement conclus. Le jeune homme lui dit à son tour qu'il portait l'oie à un dîner de baptême.

— Soulevez-la un peu, continua-t-il, voyez comme elle est pesante! Voilà huit semaines qu'on l'engraisse. Celui qui mangera cette oie, quand elle sera rôtie, ne manquera pas de jus pour l'humecter.

— Oui, dit Jeannot, elle est à point pour être mangée; mais

mon misérable pourceau est encore trop jeune et trop maigre; il ne pourra être tué de longtemps.

Tandis qu'il prononçait ces mots, son compagnon regardait autour de lui d'un air inquiet, et hochait fréquemment la tête.

— C'est votre pourceau qui me préoccupe, dit-il enfin. Je viens de traverser un village où l'on avait volé le porc du maire, et je crains que ce ne soit celui-là même que vous conduisez. On cherche de toutes parts le voleur, et vous seriez dans un mauvais cas si l'on vous trouvait emmenant l'animal dérobé : le moins qui pourrait vous arriver, ce serait d'être renfermé dans un cachot.

Le pauvre Jeannot devint tout inquiet.

— Pour Dieu, s'écria-t-il,

aidez-moi à sortir de ce danger ! Vous connaissez mieux que moi la contrée où nous nous trouvons ; vous pourrez plus facilement vous sauver : prenez le porc, donnez-moi votre oie !

— Je sais que je m'expose beaucoup en faisant cela, répondit le jeune garçon ; mais je me croirais coupable en vous laissant exposé à un si grand malheur.

Il prit aussitôt la corde que lui tendait Jeannot, et disparut avec le porc dans un chemin de traverse. Jeannot mit l'oie sous son bras gauche et pour-

suivit joyeusement son chemin.

— Voilà une heureuse chance, se dit-il; voilà un échange avantageux. Non-seulement j'échappe à un grand péril, mais mon oie me donnera d'abord un bon rôti, puis une grande quantité de graisse qui me suffira pour étendre sur mon pain au moins pendant trois mois; et de ses belles plumes blanches je me ferai un oreiller sur lequel je n'attendrai pas longtemps le sommeil. Que ma mère va être joyeuse quand je lui apporterai le fruit de sept ans de services!

Comme il traversait un village situé sur la route, il passa près d'un gagne-petit qui s'était arrêté près d'une maison avec sa charrette et sa meule, et qui chantait à haute voix :

J'aiguise des ciseaux, je le fais promptement,
Je travaille, je chante et suis toujours content.

Jeannot s'arrêta pour le regarder, et bientôt la conversation s'engagea.

— Vous devez faire de bons profits, puisque vous chantez si joyeusement, lui dit Jeannot d'un ton fort sérieux.

— Oui, répondit le gagne-petit, mon travail est une mine d'or inépuisable. A quelque moment de sa vie qu'un aiguiseur mette la main dans sa poche, il est sûr d'y trouver de l'argent. De qui avez-vous acheté cette belle oie?

— Je ne l'ai point achetée, je l'ai échangée pour un jeune porc.

— Et le porc? reprit le gagne-petit.

— Je l'avais échangé pour une vache.

— Et la vache?

— Elle m'avait été donnée en échange d'un cheval.

— Et le cheval?

— Pour le cheval, j'ai donné un lingot d'argent pesant quinze livres.

— Et l'argent?

— C'était le montant de mes gages pour sept années de services.

— Puisque vous savez si bien vous tirer d'affaire, dit le gagne-petit, je vais vous enseigner un moyen certain de trouver de l'argent dans votre bourse chaque fois que vous le désirerez, et d'assurer ainsi votre bonheur.

— Que dois-je faire pour cela?

— Vous devez vous faire gagne-petit comme moi. Pour tout fonds d'industrie, vous n'avez besoin que d'une pierre à aiguiser; le reste viendra de soi-même. J'en ai une qui est bien un peu endommagée; mais aussi vous l'aurez pour rien, seulement vous me donnerez votre oie en échange. Acceptez-vous le marché?

— Pouvez-vous en douter? s'écria Jeannot. Avec cette pierre je serai l'homme le plus heureux du monde, puisque je trouverai de l'argent dans ma bourse toutes les fois que j'en voudrai. De quoi aurai-je encore à m'inquiéter ?

Là-dessus il lui donna l'oie et prit la vieille pierre à aiguiser.

— Je vous conseille encore, dit le gagne-petit en regardant un gros caillou qui se trouvait près de lui sur le chemin, je vous conseille de prendre cette bonne et solide pierre, pour vous servir d'enclume lorsque vous aurez quelque lame tordue à redresser. Vous pouvez l'emporter avec l'autre.

Jeannot prit la seconde pierre, et se remit en marche le

cœur satisfait, les yeux brillants de joie.

— Je suis vraiment né sous une heureuse étoile ! s'écria-t-il ; ô la bonne chance ! la bonne chance !

Bientôt, cependant, comme il

était sur pied depuis le matin, il se sentit très fatigué. Peu à peu sa lassitude devint telle qu'il ne pouvait plus avancer ; il se voyait à tout moment forcé de s'asseoir. Ne devait-il pas naturellement penser qu'il marcherait plus facilement s'il n'était point chargé de ces deux pierres ?...

Il se traîna jusqu'à une fontaine, près de laquelle il s'assit pour se reposer et se désaltérer, en ayant bien soin de placer ses pierres sur la margelle. Comme il se baissait pour boire, il fit un mouvement mal calculé et heurta les deux pierres, qui tombèrent dans la source.

Jeannot, en les voyant disparaître, tressaillit de joie, et s'agenouilla pour remercier la Providence de l'avoir délivré d'un si lourd fardeau.

— Ma foi, voilà une bonne chance! Il n'est pas sous le ciel un homme plus heureux que moi, se répétait-il en reprenant sa route.

Bientôt, en effet, libre de

tout fardeau et de tout souci. il atteignit joyeusement la maison de sa mère, fier de ses heureuses chances et de ses échanges avantageux.

PRIÈRES

ORAISON DOMINICALE.

Notre Père, qui êtes aux cieux, que votre nom soit sanctifié, que votre règne arrive, que votre volonté soit faite en la terre comme au ciel; donnez-nous aujourd'hui notre pain de chaque jour, pardonnez-nous nos offenses comme nous les pardonnons à ceux qui nous ont offensés; ne nous laissez pas succomber à la tentation, mais délivrez-nous du mal. Ainsi soit-il.

SALUTATION ANGÉLIQUE.

Je vous salue, Marie, pleine de grâce, le Seigneur est avec vous. Vous êtes bénie entre toutes les femmes, et Jésus, le fruit de vos entrailles, est béni.

Sainte Marie, mère de Dieu, priez pour nous, pauvres pécheurs, maintenant et à l'heure de notre mort. Ainsi soit-il.

ACTE DE FOI.

Mon Dieu, je crois fermement tout ce que vous avez dit et tout ce que vous nous enseignez par votre sainte Eglise, parce que vous êtes souverainement véritable dans vos paroles.

ACTE D'ESPÉRANCE.

Mon Dieu, j'espère fermement de votre miséricorde infinie et de votre fidélité dans vos promesses que, par les mérites de Jésus-Christ, mon Sauveur, vous m'accorderez la gloire du ciel et les moyens nécessaires pour y parvenir.

ACTE DE CHARITE.

Mon Dieu, je vous aime de tout mon cœur et par-dessus

toutes choses, parce que vous êtes infiniment bon et infiniment aimable : j'aime aussi mon prochain comme moi-même pour l'amour de vous.

FIN.

www.ingramcontent.com/pod-product-compliance
Lightning Source LLC
Chambersburg PA
CBHW070246100426
42743CB00011B/2158